अंतराल

कविता संग्रह

कृष्ण पाल सिंह

स्वर्गीय राघवेन्द्र सिंह बघेल

एवं

मम्मी-पापा

को समर्पित

क्रम-सूची

क्रम-सूची

क्रम-सूची

बोलती हैं खामोशियाँ

भूमिका

मेरी कलम से ....

"अंतराल" को आपके सम्मुख प्रस्तुत करते हुए जो हर्ष मुझे महसूस हो रहा है , आशा ही नहीं पूर्ण विश्वास है कि पढ़ते हुए आपको भी वही ख़ुशी महसूस होगी। अंतराल की रचना कुछ दिनों में नहीं , कुछ महीनों में नहीं , बल्कि कई वर्षों में हुई है। ये अब तक की मेरी साहित्यिक यात्रा का परिणाम है। लेकिन यह पड़ाव मात्र है न की मंजिल।

"अंतराल" को मैंने चार खंडो में व्यवस्थित किया है।

प्रथम खंड: हे सूर्य- इस खंड में सूर्य को इंगित करते हुए भिन्न-भिन्न आयामों पर आधारित १२ कवितायें हैं।

द्वितीयी खंड: जिंदगी के रंग - इस खंड में जिंदगी के खट्टे मीठे अनुभवों पर आधारित १६ कवितायें हैं।

तृतीय खंड: प्यार की किश्तें - प्रेम हमेशा से एक शाश्वत विषय रहा है । इस खंड में प्रेम पर आधारित १५ कवितायें हैं ।

चतुर्थ खंड: बोलती हैं खामोशियाँ - इस खंड में १२ वो कवितायें हैं , जिन्हें मै उपरोक्त किसी भी खंड में नहीं रख पा रहा था । क्योंकि एक ही कविता में आपको कई रंग देखने को मिलेंगे वैसे तो इस खंड का शीर्षक , इसी खंड की प्रतिनिधि कविता के नाम पर दिया गया है। लेकिन प्रत्येक कविता आपको एक अलग अनुभव प्रदान करेगी , ऐसा मेरा विश्वास है।

ये कविता संग्रह मेरा सपना था, लेकिन इस सपने के पूरा होने में कई लोगों का सहयोग है। मै सभी का धन्यवाद करना चाहूँगा। सर्वप्रथम बड़े जीजा जी श्री समशेर बहादुर सिंह- जिनसे मुझे लिखने की प्रेरणा मिली और जिन्होंने इस संग्रह को आप

तक त्रुटी रहित पहुंचाने में एक अहम भूमिका अदा की , मेरी बहनें- गीता सिंह, सुनीता सिंह और कविता सिंह - जिनका मुझ पर विश्वास खुद से भी ज्यादा है। मेरी पत्नी प्रिया सिंह- मुझे निरंतर प्रोत्साहित करने के लिए। मेरे बच्चे - ताशी(३.५ वर्ष) और पार्थवी(८ माह) को शांति बनाये रखने और अपने समय में से इस पुस्तक के लिए समय देने के लिए और अंत में वे, जो जीवन में सबसे पहले 'आपको' आप से मिलाते हैं। आपके होने का एहसास कराते हैं- " दोस्त " , उन सभी दोस्तों का , विशेष रूप से हायर सेकेंडरी स्कूल नंबर २, दल्ली-राजहरा और जिया सराय , दिल्ली के दोस्तों का , जिन्हें मुझ पर यकीन था और कई रचनाएँ उनकी वजह से ही हैं।

अब उनका धन्यवाद जिनके बगैर यह कविता संग्रह संभव ही नहीं था- गूगल हिंदी इनपुट , माइक्रोसॉफ्ट वर्ड और नोसन प्रेस।

आपके अमूल्य सुझावों का इंतजार रहेगा।

कृष्ण पाल सिंह

e-mail: kpsingh.ir@gmail.com

हे सूर्य

1. हे सूर्य!

हे सूर्य !
नमन करता हूँ , तुम्हें मैं
कि दिन में
अम्बर में छाए रहे
पश्चात तुम -
सुबह कि कोमलता
दोपहर की तपिश
साँझ की मधुरता
साथ लिए
चल दिए,
अस्त होने के लिए।
कल फिर
उदय होगे तुम
पर आज
जो तुमने देखा है
वो कल ना देख सकोगे।
कल इंसान बदल जायेगा
अरे !
मैं तुम्हें क्या बता रहा हूँ
तुम तो
सदियों से देख रहे होगे ।
किस तरह
भाई

अपने भाई को ही
अपना दुश्मन बना लेता है ।
एक इंसान
अपने जीवन के लिए
दूसरों की कुर्बानी देता है ।
भगवान को मानने की
औपचारिकता अदा करता है ।
दूसरों के लिए
गड्ढे खोदते
उसके हाथ नहीं थकते।
किस तरह वह
दूसरे सच्चे इंसानो को
बेवकूफ की श्रेणी में
ला खड़ा करता है।
अपने अंदर
स्वयं के बनाये नियमों को
विधाता का विधान समझकर
दूसरों को समझाकर
जीता रहा है
और
जी रहा है।
लेकिन
क्या जी पायेगा इस तरह ?
कल तुम ही देख पाओगे
हे सूर्य !
नमन करता हूँ तुम्हें मैं।

2. नयी उमंग

मैं क्यूँ देखता हूँ , तुम्हे अक्सर
तुम्हारा अस्त होना
तुम्हारा उदय
तुम्हारी लालिमा
तुम्हारा विचरण
मैं क्यूँ देखता हूँ ?
शायद जीवन का यथार्थ है तुम में
शायद वक्त की पुकार है तुम में
कि देखो !
जीवन कि तरह उदय होता हूँ।
मृत्यु कि गोद में
अस्त हो जाने के लिए
फिर भी थकता नहीं
फिर भी रुकता नहीं
रोज एक नयी उमंग
नया उत्साह
नयी लालिमा
लेकर आता हूँ
सम्पूर्ण आकाश में
छा जाने के लिए ।

3. सूर्य का यथार्थ

सूर्य होने का गौरव मिला है तुम्हें
क्यूँ अपनी पेशानी पर
दाग लिख रहे हो।
संसार में पूज्यनीय हो
बड़े हो
फिर किसकी ईर्ष्या में
दिन रात जल रहे हो।
देखो
तुम जब उदय होते हो
शांत होते हो
लोग पूजते हैं तुम्हें
तुम्हारी अर्चना करते हैं।
और
न जाने कितने लेखक और कवि
नई रचनाओं की सर्जना करते हैं।
तुम्हारा अहंकार बढ़ता है
बढ़ता चला जाता है।
और तुम सबके सर पर
अपने सम्पूर्ण तेज के साथ
मंडराने लगते हो।
और लोग तुम्हें
आँखें उठाकर देखना भी पसंद नहीं करते।
घर के दरवाजे खिड़कियां

बंद कर लेते हैं
तुम्हारे लिए।
नफरत करते हैं लोग
तुम्हारे तेज प्रकाश से
मुँह फेर लेते हैं।
आखिरकार
तुम्हें
होता है , पश्चाताप
और तुम्हारा अहंकार
ढलने लगता है।
तुम फिर पूर्व शीतलता के साथ
समाने लगते हो
सागर के गर्त में
या फिर पर्वतों के पीछे ।
लोग देखते हैं तुम्हें
प्यार भरी नजरों से
तुम्हारी अर्चना करते हैं।

4. सुनो , मैं क्या कहता हूँ

जरा ठहरो
सुनो !
मैं क्या कहता हूँ ।
पर तुम !
नहीं रुकोगे
मैं जानता हूँ
तुम समय का प्रतीक हो
अविराम , निरन्तर
चलना ही तुम्हारा काम है।
फिर भी
कुछ पल रुको
सुनो !
मैं क्या कहता हूँ ।
तुम रोज उस बस्ती से उदय होते हो
और
इस पर्वत के पीछे आकर
छिप जाते हो।
यहाँ का अंधकार
पूरे शहर में छा जाता है
और तुम्हारी
उस बस्ती में भी
जहाँ तुम्हें
कल फिर जन्म लेना है

उन्हें समझाना है
कि सत्य है
मरा नहीं
रात्रि के अंधकार में
तुम हो
तो सत्य भी रहेगा।
जानते हो ?
सत्य क्या है ?
तुम अस्त हो जाओगे
अंधकार मंडराने लगेगा
शहर पर
परन्तु
रौशनी होगी
शहर जगमगा उठेगा
वहां फिर एक नयी सुबह होगी
पर लोगों के हृदय
अंधकार से भरे होंगें।
न कोई भावना पनपेगी
न कोई सत्य जन्म लेगा
केवल अँधेरा होगा।
इस अंधकार का अजगर
तुम्हारी बस्ती को भी निगलने पहुंचेगा।
उसी बस्ती में
जहाँ तुमने
आज जन्म लिया था
कल फिर लोगे
सहमें हुए

लालटेन कि रशनी होगी
जो मोहताज होगी
एक हवा के झोंके कि
थाली में सूखी रोटी व नमक लेकर
वह बैठी होगी
दरवाजे पर दस्तक होगी
कुण्डी खुलते ही!
दो कदम
लड़खड़ाते हुए प्रविष्ट होंगे
वह सम्हलते हुए
बैठायेगी
थाली परोस देगी।
जिसे पैर कि एक ठोकर से
नवाजा जायेगा
वह रो उठेगी
और वे कदम
कुछ लड़खड़ाकर
वहीं दूर ...चारपाई पर
बेहाल हो जायेंगे
वह रोती रहेगी
कुछ देर तक
इसलिए नहीं
कि यह सब हुआ
बल्कि इसलिए
कि वह इसके हिस्से की रोटी थी
जो उसने खायी नहीं थी
बचा रखी थी

इन क़दमों के लिए
वह उन्हें समेटकर
आंसूओं में सानकर
एक निवाला
जैसे हि उठाएगी
रो उठेगा कोई
वहीं उसी बस्ती में
दौड़ पड़ेगी वह
मर गया है कोई वहां
इसका दुःख नहीं कोई
रोज ही मरते हैं
कभी पेट की मौत
कभी दर्द की मौत
कभी आंसुओ की मौत
कभी जिल्लत की मौत
रोज ही मरते हैं ।
दुःख !
उन सिकुड़े हुए
पेटों को देखकर है ।
जो सुबह से अब तक
निवाले की आस में थे
अब बेआस हैं
पैरों से नवाजी रोटी
जब उनके सामने
परोस दी जाएगी
भूल जायेंगे वो
मौत !

उस बाप की
जो एक निवाला न दे सका
देता रहा
दिन भर गालियां
और रात भर की बेहयाई ।
अब भी तुम जाना चाहते हो ?
तो जाओ
जा ....ओ.........
छिप जाओ इस पर्वत के पीछे
नहीं रोकूंगा, मैं तुम्हें
नहीं कहूंगा -
" जरा ठहरो ! सुनो , मैं क्या कहता हूँ ?"

5. सुबह कभी तो आएगी

यूँ आसमान चीरकर
क्या ?
क्या , यह जताना चाहते हो !
कि तुम्हारा अस्तित्व है ?
मुझे इस बात पर हंसी आती है ।
एक दर्द के साथ
एक एहसास के साथ
दर्द इसका
कि तुम्हारी किरणों ने
आज तक
नहीं चूमा
उस धरती को
नहीं सहलाया
उस बदन को
तभी तो इस उष्ण मौसम में भी
ठिठुरते हैं , हाँथ-पैर
कांपती है , जिंदगिया!
बिन तूफान के बुझ जाते हैं दिए
तभी तो
हर पल मौत का इंतज़ार करते हुए चेहरे
क्या तुमने देखे हैं?
क्या तुमने देखी हैं ?
उन चेहरों कि दहशत

क्या तुमने देखी है ?
उन आँखों कि बेबसी
क्या तुमने देखी है ?
बिना कपड़ों के उन शरीरों में पड़ती दरारें ?
क्या अब भी कहते हो ?
कि तुम्हारा अस्तित्व है ?
हे सूर्य !
इन बादलों में जाकर छिप जाओ
क्योंकि अब तुम्हारे
होने ..न होने
का फर्क न मुझ पर
न इन लोगों पर
जो तुम्हारी पूजा करते हैं
हर रात
इस एहसास के साथ
एक पल कि खुशी लिए
कि तुम कभी तो आओगे ।
तुम कभी तो आओगे,
नष्ट कर दोगे ये अंधकार
इस उम्मीद के साथ कि
यूँ जिंदगी बेमानी नहीं जाएगी
सुबह कभी तो आएगी ।

6. गवाह हो तुम मेरे

जहाँ भी देखता हूँ
पल भर की खुशी
मैं भी भावावेश में
खुश हो जाता हूँ।
और
खुश होकर
यह भूल जाता हूँ
कि ख़ुशी तो पल भर की थी
मैं , अब भी खुश हुए जा रहा हूँ
जो किसी को भी नहीं भा रहा है
हर कोई मुझे
भीतर ही भीतर
नकार रहा है
हे ! सूर्य ....
तुम देख रहे हो ना ये सब कुछ
क्योंकि
मैंने अब तय किया है
कि शायद ही कभी खुश हुआ करूँगा
फिर ये लोग
मुझे गलत साबित करेंगें
तो " गवाह होगे तुम मेरे "
तुम्ही साक्षी हो
हे सूर्य !

मैं तुम्हे एहसास इस बात का
अभी से करा देना चाहता हूँ
कि गवाहों की यहां अहमियत
बहुत है
ये चाहे तो
बेगुनाह को फांसी करा दें
ये चाहे तो
कातिल को साफ बचा दे
हे सूर्य !
तुम मेरे गवाह हो
याद रखना।

7. उम्मीद

मै जिंदगी भर यूँ ही
हँसता हंसाता रहा
पर ये वक्त मुझे
हर वक़्त रुलाता रहा।
शिकायतें न अपनो से थी
न परायों से
मुक़द्दर मुझे हर कदम पे
आजमाता रहा।
मैं टूट न जाता तो क्या करता ?
मैं हार न जाता तो क्या करता ?
एक उम्मीद थी
जो टूटती रही हर पल
मैं हर रात
जुगनू सा झिलमिलाता रहा।
अंधेरों के घने साये,
थे हर कदम पर छाए
फिर वो रात भी आयी
सपने बिखर गए सारे।
अब न मैं था
न मेरी कोई चाहत रही
पत्थरों का मुक़द्दर
हर ठोकर पर आता रहा।
कभी किसी तिनके ने

किसी को किनारा दिया होगा
सूरज की रोशनी ने कभी
अंधेरों को सहारा दिया होगा
मैं भी अपने सपनो की पोटली थामे
कदम दर कदम
बादलों में कैद
उस सूरज के
आने का एहसास जगाता रहा।

8. सफर

जीवन पथ पर चलते हुए
यूं ही लम्हों से गुजरते हुए
अनुभवों को समेटता जा रहा हूं
जीवन पथ पर चला जा रहा हूं।
चलते-चलते शायद कोई

पडाव भी ना आए

सूर्य की तपिश हो और छांव भी ना आए

इस बात से खुद को तैयार

किए जा रहा हूं

जीवन पथ पर चला जा रहा हूं

यूं तो हर राह में आती हैं मुश्किलें

अचानक ही मोड़ पर मिल जाती है मुश्किलें

इन मुश्किलों से लड़े जा रहा हूं

जीवन पथ पर चला जा रहा हूं।

कभी ठोकरों से गिरता रहा मैं

कभी गिरते-गिरते संभलता रहा मैं

लेकिन ठोकरो से बिना डरे जा रहा हूं

जीवन पथ पर चला जा रहा हूं।

आशा है किसी साथी से मिलने की

अभिलाषा भी है उस साथी से मिलने की

बिना मिले भी उससे वफा

किए जा रहा हूं

जीवन पथ पर चला जा रहा हूं।

9. अंबर तले तुम

धुंधला सा अंबर, अंबर तले तुम
कुछ थके हुए से
कुछ बुझे हुए से
आखिर ! कहाँ जा रहे हो तुम
शायद , दिन भर कि जलन ने
शायद , अस्तित्व के पतन ने
शायद , रात्रि से मिलन ने
तुम्हें हताश कर दिया ।
शायद , समय कि गति ने
शायद , मनुष्य कि अति ने
शायद , इसकी अवनति ने
बदहवासी से लाल कर दिया ।
तुम भी सोचते होगे
मैं इनमें प्राण का संचार करता हूँ ।
मैं ही इन्हें ऊर्जा प्रदान करता हूँ ।
ये मुझ तक पहुंचने का रास्ता बना रहे हैं ।
साथ अपनी दुर्बुद्धि भी ला रहे हैं ।
यही नियति है
जो जिसके लिए जिया
उसी ने उसे मारा
शायद , यही नियम भी है प्रकृति का
और प्रकृति से कहाँ परे हो तुम
धुंधला सा अंबर, अंबर तले तुम ।

10. उसे डूबते देखा मैंने

उसे डूबते देखा मैंने , आज फिर
विलक्षण सी लालिमा में , आज फिर।
दूर हमसे जाते हुए
अँधेरे को पास लाते हुए
प्रकृति का नियम बताते हुए
आज फिर
उसे डूबते देखा मैंने।
हृदय की तपिश थी जो
महत्वकांक्षावों का शोर था जो
शोर कर्ण अप्रिय था जो
कलरव से प्रिय बनाते हुए
आज फिर
उसे डूबते देखा मैंने।
पृथ्वी और आकाश के बीच
दिए की लौ सा दमकता है ।
काली रातों में सितारों सा
चमकता है ।
कितना मधुर है , मिलन पृथ्वी का
आकाश का ,
आज फिर ......
उसे डूबते देखा मैंने।

11. कल फिर आएगा

ढल रहा है , ढल जायेगा
न सोचो इस पर
कल फिर आएगा ।
ये जीवन का प्रतीक है
आता है , जाता है
कहीं गम की किरणे
कहीं खुशियां लुटाता है।
इंसान है , जो बदलता रहता है ।
दिन भर गालियां देता है।
सुबह शाम पूजता रहता है ।
रोज देखता है , इस चक्र को
फिर भी समझ नहीं पाया आज तक
जीवन चक्र को।
खुशियां मना रहा है
कोई पैदा हुआ है शायद
मातम मना रहा है
कोई मर गया है शायद ।
ये न बदला है
न शायद बदल पायेगा ।
ढल रहा है , ढल जायेगा
न सोचो इस पर
कल फिर आएगा।

12. तुम अस्त क्यूँ होते हो ?

हे सूर्य !
तुम अस्त क्यूँ होते हो ?
न हुआ करो
तुम्हारे अस्त होते ही
वो
जो दिन को सोये रहते हैं
जाग उठते हैं।
चलने से उनके
जो दिन को चैन से चल रहे थे
भाग उठते हैं।
ये अंधकार
न जाने कितने पापों
कितने अत्याचारों
कितने कुकृत्यों को
अपने में गर्भित किये हुए होता है ।
और न जाने
कितनो को जन्म दे देता है ।
सूर्य , यदि तुम होते
तो ऐसा नहीं होता ....
उल्लू
जो आंखे फाड़ फाड़ कर
निहार रहा है

वो किसी कोटर में
चैन से सोता।
न उसकी आंखे खुलती
और न उसके संवेदी तंत्र
उसके मस्तिष्क में
एक घिनौने कृत्य को जन्म देती
और न ही
इस झोपड़ - पट्टी में
कोहरे को चीरती हुई
गलियों में गूंजती हुई
विलाप के साथ
एक मां
अपनी जवान बेटी की लाश पर रोती ।

जिंदगी के रंग

13. चेहरा

रोज पहन लेता हूं एक चेहरा
कि मिलना होता है कई चेहरों से
जिनमें मुझ जैसी ही आशाएं होती हैं
और होते हैं कुछ सपने, मेरी ही तरह।
हर चेहरा अपने भीतर के चेहरे से डरता है
और वो डर भी दिखता है आंखों में
कि चेहरों की तरह आंखें नही होतीं
वो तो सच्ची होतीं हैं।
उनका दोहरापन धुल जाता है
आँसुओं से कभी, तो कभी
मिल कर अपनी जैसी ही आँखों से।
पर चेहरों में ये बात नही होती
उनका दोहरापन बढ़ता ही जाता है
मिल कर और चेहरों से
पर रात के संन्नाटे में
जहाँ चांद भी थक कर
सोया होता है, काले बादलो के बीच
भीतर का चेहरा !
निकाल फेंकता है
अपने उस चेहरे को
जो बदलता रहता है लगातार
जिसने असली चेहरे के वजूद को
रखा होता है हांशिये पर ।

अब वो खोजता है
अपने सपने
अपनी उम्मीदें
और वो लोग
जो सपने भी थे और उम्मीद भी
अब उसकी चाहत बढ़ती जाती है
वो उतरता ही चला जाता है
अपनी बनाई दुनियां में
ये भूलकर
कि
अब वो सपने बेमानी हैं
वो उम्मीदें टूट चुकीं हैं न जाने कब कि।
और ये चेहरा भी सूरज की रोशनी
सहन नही कर सकता।
अब सुबह होने को है
चांद भी रात के साथ जाने को है
अब चेहरे की छटपटाहट
बढ़ती है
वो ढूँढता है
उस चेहरे को
जो चेहरा होकर भी मुखौटा है
और मैं
फिर पहन लेता हूं चेहरा
कि मिलना है
आज फिर
कई चेहरों से।

14. भट्टो के मालिक

लख्ते जिगर घरों में सहेजे न गए
रोज उठ कर स्कूल बस्ते न गए
मां उठाती रही ईंट भट्टो पर
तब चूल्हा जला, पर अंधेरे न गए।

एक रोज इन भट्टो ने जान ली थी बाप की
पर बेबसी देखिए, की लोग फिर वही गए
धूल ने पहनाई थी कमीज, उन मासूम चेहरों को
और हाथ में , ईटों के खिलौने रह गए।

तमाशा बना रखा है, इंसान का इंसान ने
बेघरों को देखकर भी, लोग कैसे घर गए
ये कैसा संगदिल शहर है 'कृष्ण'
कुछ इधर गए , कुछ उधर गए।

बाजार बन गयी है दुनिया, सब कुछ बिक रहा है
जो उसने खुद को भी बेचा, तो लोग कैसे डर गए
दर्द इनका देखकर , जो लोग बैठे थे धरनों पर
मौका मिला तो देखिए, भट्टो के मालिक बन गए।

15. रात की सुबह

हर रात
सुबह का इंतजार होता है
हर रात
एक एहसास रोता है।
कि इस रात की
सुबह नहीं होगी
जिंदगी अब शायद ,
जिंदगी नही होगी।
मैं यू ही बैठा किसी मोड़ पर
ना जाने किसके इंतज़ार में
कभी रास्तों पर नज़र
कभी मंजिलों का ख्याल।

16. कॉंक्रीट के पिजड़े

ना जाने क्यूँ
आज अफ़सोस नहीं है
रिश्तों के टूट जाने का
ना जाने क्यूँ
आज गम भी नहीं
किसी अपने से बिछड़ जाने का
आज हम फेसबुक पर
दोस्त बनायें जा रहे हैं
जो कभी अपने थे
उन्हें भुलाये जा रहे हैं
पहले उनसे मुलाकात ना हो, दो दिन
तो उनके मोहल्ले के
चक्कर लग जाया करते थे
आज मोबाइल के साथ
उनके नंबर भी खो जाने
का हमें अफ़सोस नहीं है
अनजान लोगों को
जान लेने की आकांक्षा ने
जिन्हें जानते थे
उनसे मुंह मोड़ लिया है
पहले तो खोज निकालते थे
उन्हें जो मिले नहीं,
कई दिनों से

आज जिसने कॉल नहीं किया
महीनों से
उनके नंबर को हमने
डिलीट कर दिया है
जिसे भी करो फोन
वो कहता है
क्या बात है ?
बहुत दिनों के बाद याद आयी है?
ये कहने में मुझे हिचक होती है कि
तुमने तो
इतनी भी फुर्सत नहीं पायी है
दोस्तों ये तुमसे शिकायत नहीं है
व्यथा है मेरे मन की
कि हम तरक्की के रास्ते में
कहाँ चले आये हैं
गाँव , जंगल, नदी को पीछे छोड़
कॉंक्रीट के पिंजड़ों में
जा समाये हैं।

17. फूल की विवशता

माली ! तेरी चाहत तेरे वश में तो है।
कि जब चाहैं,
तू देख सकता है, मुझको
छू सकता है।
दुलार सकता है
मेरी पंखुड़ियों को
अपने हाथों से।
मेरी खुशबू को,
महसूस कर सकता है।
और मैं,
सिर्फ इंतजार के ,
कुछ भी नहीं।

18. लम्हा

फलसफों के बीच कहीं
नाराज खुद से
वो बैठी है, ये सोचती हुई
कि मैं कौन था? कहां से आया था?
क्या चाहता था? क्या नहीं चाहता था?
क्या जानता था? क्या नहीं जानता था?
तभी उठकर
हाथों में एक कंकड़ उठा
फेंकती है वह सरोवर की ओर
जो शांत होकर
उसे आश्वासन दे रहा था।
मचल उठा !
लगातार अपनी बात कहने की कोशिश
परंतु तरंगें, किनारों से टकरा
दम तोड़ देती हैं।
वह अपनी बात कह नहीं पाया था
कि दूसरा कंकड़
और फिर वही तरंगे
निढाल हो
फिर बैठ गई वह
वहीं किनारे पर
देखते हुए दूसरे किनारे को
जहॉं अभी, वहीं कहीं से

बतख आ बैठा था ।
वह देखती रही उसे
कितना शांत
अनिमेश एकाग्र
वह खडा रहा
वह देखती रही
एक तारतंम्य सा
स्थापित हो गया था
कि टूट गया।
उसने सरोवर मे अपनी
चोंच मारी थी
और उसकी चोंच में
उसकी सफलता थी।
वह देखती रही
उसकी ऑंखे खुली रह गई
वह एक कंकड उठा
खडी हुई
और फेंक कर, उसी दरिया में
अपने ऑंसूओं को पोछती हुई
दरिया से दूर जा रही थी ।
तरंगे अब भी उठ रहीं थीं
परन्तु किनारों पर दम तोडती हुई नहीं।
खुश थी कि आखिर
सरोवर ने उसे कुछ
सिखा दिया था।

19. जिंदगी को बचाकर रखना

आंसुओ का
वजूद नहीं
गर वो जमीं पर गिरें।
अपने मोतियों को
पलकों में बचाकर रखना।
मौत जिंदगी कि
अमानत है दोस्तों
हो सके तो
जिंदगी को बचाकर रखना।
मैं खुश था
नहीं था
मुझे नहीं है पता।
मेरी चाहत थी
कुछ मुझसे
किसी से ,
कुछ नहीं है पता।
आज फिर एक बार
जिंदगी ने दिखाई है सूरत नयी
आज फिर एक बार
मुझको मुझसे छिपाकर रखना।
मौत जिंदगी कि
अमानत है दोस्तों

हो सके तो
जिंदगी को बचाकर रखना।
टूट जाएँ गर पत्ते
शाख को गम नहीं।
उजड़ जाएँ घोंसले
बयार को गम नहीं।
नियम जस के तस हैं,
जिंदगी के कई
इन नियमों को यूँ ही
सजाकर रखना।
मौत जिंदगी कि
अमानत है दोस्तों
हो सके तो
जिंदगी को बचाकर रखना।

20. मातम्

मेरी आँखों से अब
आंसू नहीं बहते
पर न जाने क्यूँ
ऑंखें नम रहती हैं।
मैं खुश तो बहुत हूँ मगर
न जाने क्यूँ दिल में गम रहता है।
कुछ खो जाने का डर नहीं है मुझे
पर न पाने का
ख्याल हर दम रहता है ।
जिंदगी ऐसी तो है
कि जश्न मनाया जाये
दिल पे न जाने क्यूँ
मातम् सा रहता है ।

21. तुम फिर आना

(दूरदर्शन से प्रसारित धारावाहिक - गुल गुलशन गुलफाम
से प्रभावित)

अभी जाओ
तुम फिर आना।
जब मौसम भी हो साथ
या कि
हालात बदल जाएँ
तब आना
अभी जाओ
तुम फिर आना।
गर करनी है, कोशिश?
तो करके देख लो
न हो आँखों में खौफ
तब आना
अभी जाओ
तुम फिर आना।
मैंने मांगी थी दुआ
कि अक्ल दे खुदा
तेरे बन्दों को
कि भटके हैं रास्ते से
पहचान भी खो दी
खुद कि , परिवारजनों कि।
कभी कहते थे

अब्बा!
तुम नहीं जानते
ये मजहब कि जंग फिजूल है।
और अब भी कहते हैं
कि तुम नहीं जानते
आखिर
हमारे भी कुछ उसूल हैं।
जब टूट जाएँ ये उसूल
या कि हालात बदल जाएँ
तब आना
अभी जाओ
तुम फिर आना।
मैं इंतज़ार करूँगा
कि तुम फिर आओ
दिवाली पर बधाइयाँ
और ईद पर
मन्नते संग लाओ।
मगर, तुमने जो किया है
गुनाह!
उसे कुबूल आना
अभी जाओ
तुम फिर आना।
मैं ही नहीं
वो भी कर रही है
तुम्हारा इंतज़ार
जो धिक्कारती है
अपनी कोख को कभी

और कभी
मांगती दुआ, अल्लाह से
तुम्हारी सलामती कि
और साथ उसे भी इंतज़ार है
जिसकी शक्ल देखने से पहले
तुम छोड़ गए उसे
तुम्हारी बेगम
जो बेवा सी दिखती है।
लौट आना जरूर
कि अब इन बूढी हड्डियों में
दम नहीं
तुम्हारा जनाज़ा उठाने कि
और
तुम न लौटे अगर
तो न जाने कितने लोग
कभी घर लौट नहीं पाएंगे
चलते तमंचों
और जलते बारूदों में
कितने घर उजड़ जायेंगें।
मेरी इल्तज़ा है, इतनी
और तमन्ना आखिरी
कि तुम जरूर आना
अभी जाओ
तुम फिर आना।

22. जिंदगी तू एक खाब है

जिंदगी तू एक खाब है
खाब की ताबीर नहीं है।
तस्वीर का कुछ रंग है तू,
फिर भी रंग बाकी नहीं है।
तू मुकम्मल है खुद में,
कही कुछ कमी नहीं है।
पंख हैं, आसमान हैं,
पर जमी नहीं है।
जिंदगी तू एक खाब है,
चंद दिनों की फ़रमाइश सी है
हर कदम पर कुछ है
जैसे एक आजमाइश सी है।
मौत तो जिंदगी के बाद भी है
और जिंदगी के पहले भी मौत है।
सुलगते दिलो से, मुस्कान चेहरे पर
एक नुमाईश सी है।
जिंदगी तू एक खाब है
कि ठहर जाना है हर कदम पर।
फिर चलना है, भागना है,
गिर जाना है हर कदम पर।
ना फूलों की ख्वाइश, ना कांटों की ताजपोशी
जीना है इस तरह से
कि बिखर जाना है हर कदम पर।

जिंदगी तू एक खाब है
कि तुझसे मोहोब्बत सी हो हर पल।
तू करती रहे मेरी शिकायत मुझसे
तेरी आदत सी हो हर पल।
ना रुकने का मन हो
ना मनाने की जरूरत हो
गुजर जाए निर्झर सी
आवाज हो कल कल।
जिंदगी तू एक खाब है
खाब ही रहेगी
मौत से पहले भी थी
और मौत के बाद भी रहेगी।

23. एक बेबस जिंदगी

एक बेबस जिंदगी
बैठी है, मेरी आँखों के सामने
अपनी बेबसी लिए हुए
कि कहती कुछ नहीं, बहुत कुछ कहते हुए।
कि सुनती कुछ नहीं, बहुत कुछ सहते हुए।
मन यूँ ही उदास हो आया
अनजाने ही, उनके पास हो आया ।
चेहरे की झुर्रियां
आँखों में सूखे आंसू
फूटपाथ पर बैठने का डर
पास से जाते हर कदम पर
सहम जाना
जीवित होते हुए, मूर्तिवत
सामने लेटी हुई
जिन्दा लाश कि बेबसी पर
वो जिंदगी!
कहती क्यूँ नहीं
या कोई पूछता क्यूँ नहीं
क्या मैंने पूछा था?
इस सवाल का जबाब
बेबसी है।
उसकी जिंदगी कि तरह, मेरी भी

24. टूटा सपना

सपनों से मुझे अब
डर लगता है ।
कि मैंने देखा था, एक सपना
खुली आँखों से ।
देखा था
कि जिंदगी ऐसी होगी
जिंदगी वैसी होगी ।
काश
देखता मैं सपना सोते हुए
तो नींद टूटती
साथ सपना भी
मैं समझा पाता खुद को
पर जब से वो सपना टूटा
नींद नहीं आती
समझा भी नहीं पाता
मैं खुद को।

25. और , मैं हूँ

ऐ जिंदगी
तू कहाँ ले जाएगी मुझे
न इसका पता
न उसका
कि,
कब तलक
यूँ ही
भटकाएगी मुझे।
कभी सोचता हूँ
तुझ पर यकीं
बेमानी न हो।
दिल के जख्मों को सहलाती
मेरी आँखों में
पानी न हो।
समंदर कि लहरों से टकराकर
जिस तरह टूट जाते हैं , पत्थर
कहीं उस तरह
मेरी कहानी न हो ।
फिर भी न जाने क्यूँ
तुझ पर यकीं करने को जी करता है ।
इसलिए नहीं
कि कोई रास्ता नहीं
इसलिए कि

अब यकीं खुद पर हो चला है
इसलिए कि सूरज है
इसलिए कि चाँद है
ये जमीं है, ये आसमान है
और ...... ?
और , मैं हूँ ।

26. मै अभी रोया नही हूं

राह है , मंजिल नहीं है
जिंदगी की भरी दोपहरी
मै अभी सोया नही हूं।
आंखों से ओझल हुआ ना
टूटा हुआ मेरा वो सपना
मै अभी रोया नहीं हूं।
तुम्हारा आना, फिर वो जाना
हसरतों के अंबार लगाना
मै अभी भूला नहीं हूं,
मै अभी रोया नही हूं।
कोशिशें कितनी भी कर लें
जिंदगी के जख्म भर लें
घाव दिल के
धोया नही हूं
मै अभी रोया नही हूं।
एक दिन की चाह ऐसी
न रुके आंखों की बरसात ऐसी
धुल जाएं दिल के दाग सारे
बिखर जाये
आंखों के सपने सारे
जो अब इन आंखों से
देखा किया हूं
मै अभी रोया नही हूं।

तुमसे न मिलकर
फिर बिछड़ना,
फिर मिलन के सपने बुनना
दर्द पुराना वो भुला नही हूं
मै अभी रोया नही हूं।
सब मुझे हैं समझाते,
मैं भी सबको समझाता हूं।
वो मेरी बातें
कहाँ सुनते।
और मै भी
समझता नही हूं
मै अभी रोया नही हूं।
दर्द दिल का ,
हड्डियों से चीरकर निकलता रहा है।
जिंदगी के हर मोड़ पर
कोई न कोई मिलता रहा है।
भूल जाना है मुझे वो
सारी बातें सारे लोग,
जिनको अब तक भूला नही हूं
मै अभी रोया नही हूं।
सब्र का ये बांध आखिर
कब तलक थामेगा मुझको।
आंसुओ के ये हिलोरे
कैद कब रह पायेंगें।
कुछ और बांकी है शायद
जो अब तलक खोया नही हूं।
मै अभी रोया नही हूं।

27. दरिया के आर-पार

ये रास्ते जुदा हैं
ये कहीं नहीं मिलते ।
एक दरिया के इस पार है
एक दरिया के उस पार ।
जिससे भी पूछिये
हर शक्ख परेशान है।
कुछ दरिया के इस पार हैं,
कुछ दरिया के उस पार ।
सबकी अपनी है बेबसी,
अपना-अपना है खालीपन,
कुछ दरिया के इस पार हैं,
कुछ दरिया के उस पार ।
सबकी है, ख्वाहिशे ,
गम जुदा हों सभी।
अब हो रहा इंतज़ार ,
दरिया के इस पार
और दरिया के उस पार।
कोई समझता नहीं किसी को यहाँ
पर कहतें सभी हैं,
होठो पे हँसी
आंखों में नमी लिए रहते सभी हैं ।
टूटे हुए तारो से भी हम उम्मीद रखते हैं
दिन हो खुशियों भरा कि हर रात जगते हैं।

तेरी भी जिंदगी का फलसफा अजीब है।
तुम कहते हो मै अजीब हूँ,
मै कहता हूँ तुम
मगर लगता है,
ये जमाना अजीब है।
आँखों में कुछ नए,
कुछ पुराने टूटे हुए सपने ,
जी रहें हैं जबकि,
उम्मीदें हैं तार-तार,
एक दरिया के इस पार है,
एक दरिया के उस पार ।

28. मैं इंसान हूँ

तुम किस तरह माफ करोगे
मेरे गुनाह
मैं गुनहगार भी नहीं हूँ
और कुसूरवार भी नहीं।
कुसूर मेरा नही
कि हालात मेरे बस में नहीं
और गुनाह ये है मेरा
कि मैं इंसान हूँ।
तुम किस तरह मिटा पाओगे ,
मुझको मेरे वजूद से ।
मैं क्षणभंगुर भी नहीं हूँ,
और अमर भी नहीं ।
कुसूर मेरा नही
कि जज़्बात मेरे बस में नहीं
और गुनाह ये है मेरा
कि मैं इंसान हूँ।

प्यार की किश्तें

29. पहली मुलाकात

मुझे देखकर तेरा मुस्कराना
तुझे देखकर मेरा खुद को भूल जाना
कुछ ना कहते हुए
सब कुछ कह जाना
आँखों ही आँखों में , दिल की वो बात
याद है अभी तक, वो पहली मुलाकात।
तुमसे वो मिलना
मिल के बिछड़ना
दिल में तुम्हारे लिए
मोहब्बत का जगना
वो तारों भरी आकाश की
वादों की रात
याद है अभी तक, वो पहली मुलाकात ।
कभी बिछड़ने का गम
फिर मिलने की ख़ुशी
मिलने पर हमारे
फिर बातें वही
कहने की कोशिश
वो कहने से डरना
वो प्यार भरी तेरी, इजहार की बात
याद है अभी तक, वो पहली मुलाकात।
फिर रोज हमारा
छुप-छुप के मिलना

जब मिलकर भी लगता था
दूर सा रहना
आवाज देने पर भी
तुम्हारा ना आना
आने पर तुम्हारे
फिर चुप हो जाना।
वो प्यार के आसमां पर
मोहब्बत का चाँद
याद है अभी तक, वो पहली मुलाकात।
कभी ज़माने का डर
कभी तुमसे शिकायत
रूठ जाना तुम्हारा
वो पल भर की शरारत
वो एक ही कदम में
जहाँ को पा लेना
वो हसीन खाबो की
हसीन सी रात
याद है अभी तक, वो पहली मुलाकात ।
वादा भी ना निभाया
साथ रहने का हमसे
छोड़ गए इस तरह
खता तो बताते
बेचैन हूँ अब तक
बस तुम्हारे लिए ।
छीन गई तुम्हें हमसे ,वो मायूस सी रात
याद है अभी तक, वो पहली मुलाकात।

30. प्यार की किश्तें

वो वक़्त था
जो वक़्त से पहले
बेवक्त हो चला
मै रुका, गिरा, सम्भला
और फिर चल पड़ा
तू प्यार था मेरा पहला
और आखिरी भी रहा
फिर जिससे भी दिल लगा कभी
तेरे प्यार की किश्तों सा रहा।
जिंदगी भर तेरी यादें
तेरी आंखे
हर चेहरे पर नज़र आयी।
मिली जब भी कोई मंज़िल
तेरी याद बस यू आयी।
की काश मै तुझको बता पाता
तेरी नजरों से
अपनी नज़र मिला पाता।
पर ऐसे कभी
हालात न हो सके,
कि मेरी तुम्हारी
मुलाकात हो सके।

31. जिंदगी- ठहर जाओ

जिंदगी
कुछ यू ँ भी ठहर जाओ तुम
सिमट जाओ
आगोश में मेरे
कि सांसों के कम्पन के शिवा
न हो कुछ
तेरे मेरे दरमियाँ।
कुछ यू ँ भी कह जाओ कभी
कि शब्दों का कोई
मायाजाल न हो।
न हो कोई अदावत
बस एक खामोश, धुएं सी आवाज हो।
कभी यू ँ ही बिखर जाओ मुझ पर
कि खुद से जुदा का एहसास न हो।
न तुम हो, न मैं हु
बस एक हवा का झोंका
बस एक बारिश की बूँद
और जिंदगी का कोई सवाल न हो।

32. आँखों में नमी है

ना तेरी कमी है , ना मेरी कमी है

लेकिन ये क्या ? आँखों में नमी है

तुमसे भी कहना था, मुझको भी सुनना था

लेकिन ये क्या ? कि बातें अनकही हैं।

कुसूर किसका था , ये फैसला जब होगा , तब होगा

लेकिन ये क्या ? कि जिंदगी हंसी है।

ना तेरी कमी है, ना मेरी कमी है

लेकिन ये क्या ? आँखों में नमी है।

ना तुम्हारी चाहत थी, ना मैंने चाहा था

मगर रास्ते अलग थे, फिर अलग हो गए।

ना तुमने हाल जाना, ना मैंने हाल पूछा

हम उठे , चल पड़े , अपनी चाहतों में खो गए।

फिर तुमने आवाज़ दी या मैंने कुछ सुना शायद

लेकिन ये क्या ? कि पलकें मुंदी हैं।

ना तेरी कमी है , ना मेरी कमी है

लेकिन ये क्या ? आँखों में नमी है।

33. कभी कह तो सही

मैं तेरा गुनाह भी कुबूल कर लूंगा
तू अपने दिल की बात
कभी कह तो सही
पास आकर
हर बार दूर चला जाता है
एक बार , मेरे पास कभी, रह तो सही
जिंदगी यूँ भी बीत जानी है , तेरे बगैर
पर तू गैर नहीं
इसका अहसास कभी दिला तो सही
करीब आकर
मेरी आँखों में देख
जो हो सके तो कभी
मुझको भी मुझसे मिला तो सही।
मैं इतना संगदिल नहीं
जितना की तूने समझा है , मुझे
कभी बाँहों में भर
कभी ओठों से छू
और वही बात कह तो सही
मैं तेरा गुनाह भी कबूल कर लूंगा
तू अपने दिल की बात
कभी कह तो सही।

34. फुरसत के पल

चलो कुछ फुरसत के पल निकाले जाएं
एक अरसा हुआ
हम मिले भी नहीं।
उन गलियों
उन रास्तों में
फिर चलें एक बार
जिनके आग़ोश मे
रह जाते थे
भटककर
कुछ तुम्हारी बातें हों
शिकायतों,
उलाहनों कि फिर
कुछ मेरी समझाइश
और कुछ
मेरे वायदे
चलो, फिर देखें
एक बार चांद को
सूरज से मिलते हुए
खो जाता है किस तरह
नजर नही आता
सुबह ओस की चादर पर
फिर चलें एक बार।

35. तुम्हारा इंतजार हर पल

ये एहसास की बात है , तुम नहीं समझोगे

ये राज की बात है, तुम नहीं समझोगे

तुम्हारा इंतजार हर पल

तुम्हारी याद हर पल

हर लम्हा तुम्हारे संग

एक अजीब सी बेचैनी, हर पल।

कुछ न कहना तुम्हारा

कुछ न सुनना हमारा

फिर खोये रहना, तुम्हारे संग

जैसे कि बातें हो कोई खास, हर पल।

न दूर जाना है तुमसे, न पास आना है

तुम जहाँ हो, वहीं हो

मै यहाँ हूँ, यहीं हूँ

फिर भी मुलाकात होती है, हर पल।

तुम्हारा इंतजार हर पल

तुम्हारी याद हर पल।

जिन्दगी में कोई कमी नहीं, पर कमी सी है

लगता है आसमां में उड़ रहा हूँ मैं, पर जमीं सी है

वक़्त, बेवक़्त तेरी आहट, मिलती है

जिन्दगी होती है कुछ खास, हर पल।

तुम्हारा इंतजार हर पल

तुम्हारी याद हर पल।

36. फागुन

एक अरसा बीत गया है
तू मुझसे रीत गया है।
फागुन में, रंगों की पीड़ा
पूछो उस सजनी से
जिसका मीत गया है
तू मुझसे रीत गया है।
आंखे बंद होते ही
तुम गुलाल में सनी दिख जाती हो।
माथे की जुल्फों को समेट कर
जब इठलाती हो।
मैं अब भी खड़ा हूँ
रंग लिए हाथों में
और तू फिर से जीत गया है
तू मुझसे रीत गया है।
लाल-गुलाबी रंग थे अपने
तो सफेद -काले से बैर क्यूं था।
जब तू था पास मेरे
मैं तुझसे दूर क्यूँ था।
अब भी, जल रही है होली हृदय में
जबकि, फागुन बीत गया है
तू मुझसे रीत गया है।

37. एक उदास शाम

कयास जिंदगी में
आते हैं , जाते हैं।
हम वही हैं मगर
कोशिश
खोज नहीं पाते हैं।
वही मैं,
आज फिर
वही तुम,
आज फिर
एक उदास .....
एक उदास शाम , आज फिर।
हुआ क्या है ?
हुआ कुछ नहीं है।
कुछ कहीं है ?
कहीं कुछ नहीं है।
ये जिंदगी है ?
ये जिंदगी नहीं है।
मगर जिंदगी का एक नाम
आज फिर।
एक उदास .....
एक उदास शाम , आज फिर।
मेरे अश्कों
कहाँ हो , कहो तुम

वक़्त रवानगी का है।
घर से निकल पड़ो तुम
मेरी आँखें भी प्यासी हैं
अब तो , बरस पड़ो तुम
लेकर उसी का नाम
आज फिर।
एक उदास .....
एक उदास शाम , आज फिर।

38. शिकायत

आग जलती है कहीं
धुँआ सा उठता है कहीं
मेरी निगाह
तुझे तलाश रही है कहीं
ये आईने में अस्क है मेरा
या तेरा वजूद
तू दूर है मुझसे
या पास है कहीं।
गए जिस तरह
कभी आ भी जाओ उस तरह
कि शिकवे-शिकायत मिट जाएं कहीं।
तुम्हें हमेशा ये शिकायत रही
कि नगमों में तुम्हारा नाम नहीं होता
ये नगमा तुम्हारा है
तुम्हारे लिए है
अब शिकायत भी
मिट रही है कहीं।

39. ये मुलाकातें

तुम अक्सर पूछते हो
मैं क्यूँ मिलता हूँ
तुमसे अब भी
अब भी !
कि जब हमारे बीच
कुछ नहीं है
शायद बाँटने को
न सुख, न दुःख
तो सुनो
तुमने जो लगाई थी - आग
जीवन के बगीचे में
और मैंने भी
उसे हवा भरपूर दी
अब सोचता हूँ
धुंध के बीच कहीं
शायद कोई फूल
रह गया हो
बस उसे
चुन लेने कि कोशिश है
ये मुलाकातें !
और दम तोड़ती
हमारी बातें ।

40. यदि प्यार होता

कभी प्यार करते
कभी खफा हो जाते हम
कभी इंतज़ार करते
कभी तुम्हे मनाते हम
कभी हसरते बताते
कभी पूरी करते तुम्हारी
कभी रूठ जाते तुम
कभी मनाने की हसरत होती हमारी
कभी कोई बात होती
जो तुमको ना बता पाता
यदि किसी से प्यार होता , हमें प्यार होता।
कभी दिल बेताब होता
कभी कोई ख़ाब होता
कभी मैं ना तुमसे मिलता
ना मिलने का गम होता
कभी किसी मोड़ पर यूँ ही तुम मिल जाती
कभी ना देख पाती
कभी पहचान जाती
कभी वादा तुम जो ना निभाते
तो दिल मेरा ये रोता
यदि किसी से प्यार होता , हमें प्यार होता।
कभी दूर मुझसे जाते
कभी पास तुम बुलाते

कभी जाना चाहते भी हम

पर तुम तक ना पहुंच पाते

कभी खतों के सहारे होते

कभी खाबों के सहारे होते

कभी मैं पास होता

कभी मौसम भी साथ होता

यदि किसी से प्यार होता , हमें प्यार होता।

कभी कोई मजबूरी होती

कभी तुम ना पास होती

कभी मैं ! मैं ना होता

कभी बेवफा समझता

कभी तुझे , याद ना करने की कसम खाता

कभी तुझे , पास मैं बुलाता

कभी कोई सिकवा होता

कभी कोई गिला होता

यदि किसी से प्यार होता , हमें प्यार होता।

कभी दीवाना होता मैं

कभी बेगाना होता

कभी तुम शमा होती

कभी मैं परवाना होता।

कभी तुझे पाने की कोशिश में

जल जाता मैं ,

कभी तुझे देख कर

सब भूल जाता मैं।

कभी ये दिल्लगी ना होती

यदि दिल तेरा ना होता

यदि किसी से प्यार होता , हमें प्यार होता।

कभी सिकवे दूर होते
कभी और पास होते
कभी तमन्नाएं होती
फिर और खाब होते।
कभी डालियाँ खिल जाती
कभी फूल मुस्कराते
कभी काली घटाओं में हम
तुम्हें ही पुकारते
कभी ये कल्पना ना होती
काश ! ये कभी , कभी ना होता
यदि किसी से प्यार होता , हमें प्यार होता।

41. तुम नहीं हो

चलो कुछ बातें करें
जिंदगी की
चलो कुछ बातें करें ......
किन रास्तो पर चले तुम थे ?
जो मुझ तक , ना पहुंचते थे
क्या किसी से मिलते थे ?
चलो बातें करें
उस पल की
जिन पलों में
तुम मेरे साथ हुआ करते थे
इस ऐतबार के साथ
कि साथ , सदा का है
चलो कुछ बातें करें
तन्हाइयों की
कि जिनमे हम साथ हुआ करते थे
बिना कुछ कहे
सब कुछ कहा करते थे।
चलो कुछ बातें करें
उन सपनो की,
जो देखे थे हमने अलग आँखों में
पर एक थे
उनके पूरे होने की शर्त नहीं थी
पर नेक थे।

चलो कुछ बातें करें
उस ऐतबार की
जो तुम्हे मुझ पर और मुझे तुम पर था
जो टूटा नहीं कभी , पर आज नहीं है
अस्तित्व में कहीं।
चलो बातें करें
आज कि
जहाँ सपने हैं , ऐतबार हैं
जिंदगी है , वो पल हैं
पर तुम नहीं हो
अब यकीन हो चला है
तुम्हारे होने का एहसास है
पर तुम नहीं हो ।

42. पैगाम

आज रह-रहकर तेरी याद आ रही है
मेरी जिंदगी गम में डूबी जा रही है
फिर भी तुझसे मिलने की उम्मीद ही नहीं है
तू कैसा चांद है, कि तेरी कोई ईद भी नहीं है।
ये तन्हाई ये जुदाई, मार ना डाले मुझे
पता नहीं मेरी भी, कभी याद आती है तुझे
मैंने ये दिल तेरे नाम लिख दिया है
और तेरे दिल के नाम, ये पैगाम लिख दिया है
शब्द तो हैं नहीं, ये पैगाम ही कैसा है
मिलन तो है नहीं, ये प्यार भी कैसा है
फिर भी तुझसे मिलने की एक चाह ऐसी है
आवाज ना निकलती है दिल की आह ऐसी है
यह कैसा गुलशन है, कि जिसकी खुशबू जा रही है
आज रह-रहकर तेरी याद आ रही है।

43. जवाब

जिन हसरतों से
मेरा कोई वास्ता नहीं
उन हसरतों की बात
मुझसे करते हो?
जिस प्यार को भुला चुका हूं मैं
उस प्यार की बात
मुझसे करते हो?
धोखा दिया था तुम्हीं ने
और ऐतबार की बात
मुझसे करते हो?
दिल तोड़ दिया था मेरा कभी
अब दिल लगाने की बात
मुझसे करते हो?
जिंदगी जिंदादिली से जी जाती है
तुमने कहा था!
आज मर जाने की बात
मुझसे करते हो?

बोलती हैं खामोशियाँ

44. बोलती हैं खामोशियाँ

बोलती हैं खामोशियाँ
खामोशियाँ, ये बोलती हैं
बोलती हैं खामोशियाँ!
क्यों दीवारे गिरा रहे हो ?
एक ही घरों में रहने वालों
क्यों उसकी नींव हिला रहे हो
मां-बाप , भाई और बहन का
रिश्ता भी झूठा लगता है क्यों
जिसका ब्याह हुआ वर्षों से
आज तलक विधवा है क्यों
क्यों इसकी मांग नहीं भरते
तुम आसमान के तारों से
क्यों देश , बरबाद करते हो तुम
देश बचाओ , नारों से।
कभी तो स्वार्थ हित से परे
सोचो इस देश की खातिर
क्यों हाथ मजबूत करते हो उनके
बैठे जो हैं , इस देश की खातिर
क्यों दोस्तों की पहचान नहीं तुम्हें
दुश्मनों को गले लगाते हो
दो सौ वर्षों के दिन तो करो याद
क्यों सन सोलह सौ दोहराते हो
आजादी को हुए बरस कितने

कश्मीर सुलग रहा है फिर भी
इस डर को तो मन से निकालो
अपनों से भयभीत है आप , आज भी
क्यों धर्म निरपेक्षता का ढोंग रचाकर
धर्म- सापेक्षता करते हो
क्यों छीन के गरीबों के मुख की रोटी
झोलियाँ अपनी भरते हो
क्यों आज तलक देश ने बुलंदी नहीं पाई
क्या तुम्हारी बुद्धि ने कभी ये सोच नहीं पाई
क्यों सोने की चिड़िया
आज सोने को मोहताज है
किसने काटें हैं पंख इसके
जो उड़ने में नासाज है
क्यों इस चिड़िया के लिए
तुम दाना तक नहीं जुटा पाते
क्यों इसकी खातिर तुम
एक घरोंदा तक नहीं बना पाते
सोच सकते हो तो सोचो
बोल सकते हो तो बोलो
वरना बोलती ही रहेंगी खामोशियाँ ये
बोलती हैं खामोशियाँ ये
खामोशियाँ ये बोलती हैं।
गाँधी , नेहरू , ईसा , नानक की बातें दुहराते हो
खुद भी देखो , इन बातों पर
तुम कितना चल पाते हो ?
राजनीती के दांव पेच से
अछूता नहीं जन भी

अपनी कुर्सियों की खातिर
कितनो की बलि चढ़ाते हो ।
अब तो छोड़ दो ....
अब तो छोड़ दो इन बातों को
कि हो जाये उज्जवल भविष्य देश का
" है श्रेष्ठ भारत , भारत के जन "
हो जाये नाम अब इस देश का
वरना सवाल पूछेगी आने वाली पीढ़ी
आने वाली पीढ़ी -
जब सामने पड़ जाओगे
फिर सोचो उस वक़्त भला तुम
क्या जबाब दे पाओगे ?
सोच सकते हो तो सोचो
बोल सकते हो तो बोलो
वरना बोलती ही रहेंगी खामोशियाँ ये
बोलती हैं खामोशियाँ ये
खामोशियाँ ये बोलती हैं।
देश आजाद हुआ कब से
बेड़ियाँ अब तलक हैं हांथों में
जन शक्ति अनसुनी नहीं कर रही
अब जोर नहीं इन बातों में
करके करनी, अपनी तुम
एक दिन पछताओगे
फिर आईना होगा सामने
तुम मुख अपना छिपाओगे
भागना चाहोगे तुम पर
भाग भी ना पाओगे

इस तरह तड़प तड़प कर
तुम अपनी जान गवाओगे
इसलिए कहता हूँ मैं
अब भी वक़्त है सुधर जाओ
राहों से भटके राही
अपने घर वापस आओ
वरना फिर देश कभी तुम्हें नहीं अपनाएगा
कुसूरवार हो इतने तुम
माफ़ नहीं कर पायेगा
अभी नहीं सोचा , तो सोच भी नहीं पाओगे
और सोचो , कि उस दिन , भला तुम
क्या बोल पाओगे ?
सोच सकते हो तो सोचो
बोल सकते हो तो बोलो
वरना बोलती ही रहेंगी खामोशियाँ ये
बोलती हैं खामोशियाँ ये
खामोशियाँ ये बोलती हैं।

45. हाय इलेक्शन , हाय इलेक्शन

(१९९५ के इलेक्शन से प्रभावित)

नेताजी की गाड़ी निकली

चेले पीछे आठ - दस

हल्ला-गुल्ला शोर मचाते

कैसा ये इन्फेक्शन

हाय इलेक्शन , हाय इलेक्शन

हाथ संग में लेकर दौड़े

ज्योतिष के द्वारे द्वारे

कुछ डर से , कुछ चापलूसी से

क्या कहते ज्योतिष बेचारे

कह दिया , निश्चित रहो बच्चा

होगा तुम्हारा ही सिलेक्शन

हाय इलेक्शन , हाय इलेक्शन

अखबारों में छपती हैं फोटो

उनकी बड़ी प्यारी - प्यारी

आया चुनाव तो सुनिए उनकी

बातें बड़ी न्यारी न्यारी

हाथ जोड़ , माता - बहनो से

ना लीजियेगा , गलत - एक्शन

हाय इलेक्शन , हाय इलेक्शन

स्कूल कालेज हुए बंद

कुर्सियां पड़ी मैदानों में

आरामी फरमाते थे टीचर
आयी अब उनकी जानो में
गला सूखता , कपडे गीले
और ऊपर से डायरेक्शन

हाय इलेक्शन , हाय इलेक्शन

दुकानों में कुर्ता-पायजामों का
है , स्टॉक बढ़ा
और धोबियों का प्रेस अब
है , बेकार पड़ा
अनेकता में एकता की झलकियां
कैसा ये सिचुएशन

हाय इलेक्शन , हाय इलेक्शन

एक की टांग खींचे है कोई
और दूसरे की तीसरा
उखाड़ दिया , उन किस्सों को
जो था , भूला - बिसरा
खुद ही आपस में लड़ रहे हैं
क्या करेंगे - इम्प्लीमेंटेशन

हाय इलेक्शन , हाय इलेक्शन

लग गयी शर्तें लोगों में
घोषित होगा कल परिणाम
देखें प्रधानमंत्री पद पर
होगा अब किसका नाम
पता चला , दो पार्टियों में
हो गया , कॉसिलिएशन

हाय इलेक्शन , हाय इलेक्शन

46. वतन की खुशबू

नफरत भी रखो, जंग जारी भी रखो
हो फैसला मुश्किल, तो खुद्दारी भी रखो
दूर तक जाती है, मेरे वतन की मिट्टी की खुशबू
जब याद आये, तो लौटने की तैयारी भी रखो।

अक्सर एक फैसले से होते हैं, कई और फैसले
कभी रुको इसी मोड़ पर, बेक़रारी भी रखो
जिंदगी सीखा रही है, रोज एक नया पाठ
आँखे खुली और कुछ जिम्मेदारी भी रखो।

जंगलों को काट कर, जो हमने बसाये हैं शहर
दुनियाँ इसे कहते हैं, तो कुछ दुनियादारी भी रखो
अकेले चलते रहने का नाम नही है जिन्दगीं
मुश्किले हैं तो लड़ो, जंग जारी भी रखो।

कोई सरेशाम से ही ढूंढता है, एक अदद रौशनी को
चाँद निकल आएगा, रात की तैयारी भी रखो
न जाने किन खयालों में फस के रह गए हो "कृष्ण"
कलम उठाओ लिखने की तैयारी भी रखो।

47. आशंकों के साये में

आशंकों के साये में
हम जीते आये हैं
हम मरते आये हैं
आशंकों के साये में ।
कुछ फर्ज़ निभाया हमने है
कुछ क़र्ज़ चुकाया हमने है
कुछ कलम उठाई
कुछ राह दिखाई
लहू से लथपथ
चलते आयें हैं
आशंकों के साये में
हम जीते आये हैं
हम मरते आये हैं ।
अब वक़्त नहीं है रोने का
अब वक़्त नहीं है सोने का
उठो भारत के वीर तुम
सीना दुश्मन का, दो चीर तुम
अब यही राग न दोहराना
की हम तो यही करते आये हैं
आशंकों के साये में
हम जीते आये हैं
हम मरते आये हैं ।

48. नवीन आकांक्षाएं

(नव वर्ष पर)

कुछ बातें , कुछ यादें
छिपाकर रखी है मैंने
कुछ एहसास, कुछ तमन्नाएं
सजाकर रखी है मैंने ।
कुछ उदासियों के मौसम
हैं कि बीत जाते नहीं
अब दोस्ती इस मौसम से
कर रखी है मैंने ।
वक्त गुजर जाता है मगर
एहसास दे जाता है कुछ
वक्त खफा हो जाता है मगर
आस दे जाता है कुछ।
ये तो हम हैं , जिंदगी जो
बेमानी बनाये बैठे हैं
वरना मायने जिंदगी के
वक्त दे जाता है कुछ।
कभी मंजिल , कभी राह
सफर खत्म होता नहीं
कभी सावन , कभी पतझड़
सामरस होता नहीं।
पाई है, उसने मंजिल
हर सफर में दोस्तों

अनिमेष, अविराम
जो कभी रुकता नहीं।
अब तो कर लें आँखों को बंद
कह दे अरमानों से हम
ऐ जिंदगी अब न डरेंगे
तेरे तुफानो से हम।
लगाले जोर कितना भी
गुजरते वक़्त के साये
कलम होगी "कृष्ण" की
होंगें बयाबानो में हम ।
नवीन आकांक्षाएं , नवीन सृजन
वर्तमान अतीत बनने को आतुर है।
चंद लम्हे , चंद पल , समय कदम दर कदम
बढ़ने को आतुर है ।
एक रास्ता , एक मंजिल
राहगीर बहुत हैं मगर ।
मेरा सपना , मेरा मकाम
हांथों में यूँ समां जाने को आतुर है।

49. पत्ते की आत्मकथा

डाली से नाता तोड़कर
उन्मुक्त हवा को चूमकर
नील गगन कि छांव तले
नातों से नाता तोड़ चले
चला हवा में लहराता
अपनी करनी पर इठलाता
चल रंग बिरंगी दुनिया देखें
यह मन में सोचा पत्ते ने।
भाई-भाई को लूट रहा
मानव-मानव पर टूट रहा
सच्चाई आंखों में बंद
अन्याय अत्याचार अनंत
बदल गया मानव अब का
नहीं रहा वो नहीं रहा
मैं क्यों टूटा डाली से?
मन में पत्ता यह सोच रहा।
अच्छा होता उस डाली से
जुड़ा ही रह जाता मैं
अंत में अपने जीवन के
उन्हीं चरणों में मिल जाता मैं
आता फिर जब सावन
नई कोपलें फूटतीं
और किसी डाली पर, उसी तरह इठलाता मैं।

50. जिंदगी से दूर... मौत के कुछ करीब

जिंदगी से दूर
मौत के कुछ करीब
कोई आवाज दे रहा था
कुछ अनसुनी सी
कुछ अनकही सी
कुछ अनजानी सी बातें
कोई कह रहा था।
उसकी बातें अनसुनी करके
मैं लौटना चाहता हूं
फिर मौत से दूर
जिंदगी के करीब
मै होना चाहता हूं
सोच के यह मन में
मैं लौटने की कोशिश जब कर रहा था
कानों में दस्तक एक कराह के साथ
कोई दे रहा था।
मैं फिर लौटा
कि शायद यह कुछ कहना चाहता है
अपनी इस दर्द भरी मौत से
शायद यह बचना चाहता है
मैंने देखा मौत हाथ फैलाए
शिकंजा कसने को खड़ी थी

शायद वह मेरा ही इंतजार कर रही थी
फिर मैंने दो कदम बढ़ाए
तो उस कराहते व्यक्ति ने कहा
तुम्हारी भी हालत मेरी जैसी होगी
वरना ना आना यहां
मेरी बातें तुम वहीं दूर से सुन लो
झूठ नहीं है मुझ पर यकीन कर लो
मेरे दो मासूम, जिन्हें मां का साया भी नसीब नहीं है
मेरे सिवा इस दुनिया में
उनका कोई और हबीब नहीं है
बिना आरंभ के उनके जीवन का
अंत हो जाएगा
जब कोई नहीं होगा साथ
अनाथ कह के सारा जहां ठुकराएगा
मेरी मदद कर दो
इस मौत के शिकंजे से आजाद कर दो
मैंने सोचा क्या इसे बचाऊं
या फिर ठुकरा दूँ
शायद इसे जीवन देने की कोशिश में
मैं ही जीवन से दूर हो जाऊं
मैं एक बार फिर लौटना चाहता हूं
अपने प्रियजनों को देखना चाहता हूं
पर नहीं, यदि मैं पलटा
तो मोह में फंस जाऊंगा
फिर कितनी भी कोशिश करूं
इस व्यक्ति की मदद ना कर पाऊंगा
मैं जैसे ही आगे बढ़ा

मौत का वह शिकंजा
उस व्यक्ति से हटकर
मुझ पर जकड़ गया
उस व्यक्ति ने मौत को छोड़कर
जीवन का दामन पकड़ लिया
मैं चिल्लाता रहा
कोई तो बचाओ
पर नहीं
वह व्यक्ति भी जा चुका था दूर कहीं
शिकंजा कसता गया
मै जीवन से दूर
मौत के और करीब होता गया
पर सन्नाटा था, वीराना था
मेरी आखिरी आह भी अब
कोई ना सुन रहा था
जिंदगी से दूर
मौत के कुछ करीब
कोई आवाज दे रहा था

51. जरूरत नहीं होती

सफलता के लिए
मंदिर के रास्तों की जरूरत नहीं होती
सच को कभी किसी
वास्तों की जरूरत नहीं होती
लोग कहते हैं दोस्तों को बुरा यूं ही
घर बर्बाद करना हो जिसे
उन्हें दोस्तों की जरूरत नहीं होती
किसी से कुछ कहने के लिए
इजाजत की जरूरत नहीं होती
चांद की सुंदरता को
अक्सर जोड़ा जाता है बादलों से
पूर्णिमा को उसे भी
बादलों की जरूरत नहीं होती
साज को बजने के लिए
गाने की जरूरत नहीं होती
बुरे दिनों को लोग
भूल जाया करते हैं यूं ही
उन दिनों को उन्हें
भूल जाने की जरूरत नहीं होती
भगवान दिल में हो तो
मंदिर जाने की जरूरत नहीं होती
कहते हैं
ठोकर खाकर ही संभलते हैं लोग

पर जो कदम ही संभाल कर रखें
उन्हें ठोकरो की जरूरत नहीं होती
जिसका जीवन ही नशा हो
उसे मैंखाने की जरूरत नहीं होती
कुछ लोगों को देखकर
दिल जल जाया करते हैं यूं ही
अपनी बातों से उन्हें
दिल जलाने की जरूरत नहीं होती
दिल के गुबारों को छिपाना है तो
तहखानों की जरूरत नहीं होती
शमा जल जाया करती है यूं भी
रोज जलने के लिए
परवानों की जरूरत नहीं होती
अन्याय अत्याचार से लड़ना हो अगर
थानों की जरूरत नहीं होती
आज इंसान ही इंसान से डरता है
आज डराने के लिए
हैवानों की जरूरत नहीं होती
एकाग्रता मन में हो तो
निशाना साधने की जरूरत नहीं होती
विश्वास के बंधन से बांधा जाए अगर
तो इंसान को फिर
बांधने की जरूरत नहीं होती ।

52. एक सपना

एक सपना देखा
मैंने आज फिर
खुली आंखों से
कि नींद उड़ गयी आंखों से
और चमक बढ़ गयी।
कि हर तरफ
लहलहाते खेत हैं
पक्षियों का कलरव है
मुंडेर पर।
अब किसान
पेड़ पर रस्सी नही
झूले लगा रहा है।
हर नौजवान सीख रहा है
शिक्षा को
कि, उसे भी मालूम है
रोजगार तो मात्र जरिया है जीवन का
हर बच्चा
पैरों में जूते
और बस्तों में
टिफिन के साथ दौड़ रहा है
विद्यालय कि ओर
हर शिक्षक अब शिक्षक है
शिक्षाकर्मी नहीं।

आज संकल्पित है
कुछ सीखने सीखाने को
अस्पतालों में
धूल की परते उधड़ गयी हैं
वहीं बाहर
हर मां
अपने बच्चे को छाँव में लिए
खेल रही है।
अब बीमारी और महामारी नही है।
चमक बढ़ती जा रही है
नींद उड़ती जा रही है।
जागते रहो का आलाप है
बस यही एक संताप है
कि ये सपना सच हो।

53. एहसास

एहसास
तमन्नाओं को जुदा कर दे
कोई अपनी जुबाँ से, कुछ न कहें
हमारी नजरों में रिश्ता रहे जो
वो ऐतबार है
आशाओं की
उड़ान हो इतनी
पंछियों की
परवाज हो उतनी
कैद कर सके हम
लौट सकें कभी
जिंदगी की
परिभाषाएं बदल दे
जिंदगी में कभी
जिंदगी को आंसुओं से
सरोबार कर दें
है यकीन अच्छा, है ऐतबार अच्छा
मगर उस यकीन से कभी
न टूट जाए शाख़
तो दरख़्त की बेबसी
जो टूट जाए तो
जमीं कि ।
अब ऐतबार शायद

जमीं का
शायद दरख़्त का
शाख़ के ऐतबार का
क्या कीजिए?
ओढ़कर दुशाला
बैठा नहीं जाता समर में
मगर रेत भी सर्द है
कहां जाएंगे?
हम इंसा हैं
इंसा ही रहेंगे
जिंदगी को मायने
बदलने दीजिए।
हर एक आंगन?
चांद की रोशनी
दीपक से उजाला कभी जो करें
तो एहसास तो ऐतबार होगा
अमिट, अचल, निश्चल
शायद!
यही प्यार होगा?
"कृष्ण" सी कशिश
दिलों पे छायेगी
दूर कहीं
एक आवाज आएगी
हम सुन पाएंगे
शायद समझ पाएं?

54. नारी

उठ!
क्यों रोती है?
सदियां बीत गईं
रोती रही तू
यूं ही तिल-तिल
बिलखती रही तू
अपमान के आंसू पीती हुई
गम से आंसू बहाती हुई
हर कदम पर
पूरुष के ठोकर पर
गिरती रही तू
सदियां बीत गईं
रोती रही तू।
जब से तूने जीवन पाया
तूने जीवन से कुछ ना पाया
जीवन तो था तेरा साया
जीवन के साए से ही
डरती रही तू
सदियां बीत गईं
रोती रही तू।
मौत भी कभी नहीं मांगी तूने
मौत से बदतर जीवन जीकर
मौत के अंधेरों से भरे जीवन से

हर पल
हर क्षण डरती रही तू
सदियां बीत गई
रोती रही तू।
चाहती तो
अनिष्ट भी कर सकती थी।
पर कभी नहीं किया तूने
कांटों पर अंगारों पर चलते हुए
तिल-तिल करके
जीती रही तू
सदियां बीत गई
रोती रही तू
उठ!
उठ कि तू बेबस नहीं है
दुर्गा की अपार सकती है तुझमें
काली का रूप है तुझमें
सोच,
सोच कि अपना ही अपमान
करती रही तू।
सदियां बीत गई
रोती रही तू।
अब भी नहीं उठेगी?
तो ये बाज-
ये गिद्ध नोच डालेंगे तुझे
तेरे दुकड़े अपने पंजों में दबाकर
उन्मुक्त हवा के साथ उड़ते रहेंगे
हर सदी में तुझे मार कर ही जीते रहेंगे

अब समय आया है,
धधक ज्वाला बनकर
तूफान की तरह मिटा डाल
लगे कलंक को अपने माथे पर
कि
"अबला है तू, निर्बल है"
सोच!
सोच कब तक सहती रही तू
सदियां बीत गई रोती रही तू।

55. घर किसे कहते हैं

एक दिन, बेटे ने
पूछा ये , अपनी तोतली जुबान में
मां!
घर किसे कहते हैं?
क्या इसे!
जब दिन होता है
तो सारी धूप अंदर आती है
जब बरसात होती है
तो सारा पानी भी आ जाता है
रात को मेरे हाथ पाव कांपते हैं ठंड से
क्या इसे घर कहते हैं?
या फिर उसे
जो हमारी बस्ती के नजदीक है
चारों ओर मुझको डराती लाइटें
जैसे कि कह रही हों
अंदर आना मना है
हर पल जिनमें से
अल्हड़ सी आवाजें आती हैं
जहां न कभी रात होती है
और ना ही शायद उन्हें ठंड लगती है
मेरी तरह, उनके हाथ-पांव नहीं कांपते
क्या उसे घर कहते हैं?
मां कुछ देर चुप रही

सिसकियाँ मन के भीतर ही लेती रही
फिर अपने मन को
कठोर करके बोली
बेटे घर सुंदर दीवारों, सुंदर लाइटो
और अच्छे कपड़ों से नहीं बनता
घर तो उसे कहते हैं
जहां मेरी जैसी एक मां हो
जो तेरे जैसे बेटे को प्यार करती हो
तेरे जैसा एक प्यारा सा बेटा हो
तुम्हारे पिता के समान पिता हो
जो अपने पसीने की बूंदों से
हमारे लिए रोटियां गुथता हो
और जब थक हार कर
घर लौटता हो
तो बिन अपने बेटे को
कहानी सुनाएं सोता ना हो
घर तो उसे कहते हैं
जहां विश्वास हो, प्रेम हो
जहां लोग एक दूसरे की
भावनाओं को समझते हों
मां अपने उत्तर की भावुकता में
बही जा रही थी
कि अचानक उसकी नजर
अपने बेटे पर गई
जो कि अब तक सो चुका था
जैसे कि वह समझ गया हो
कि घर किसे कहते हैं।